André Cochut

Le sort des classes souffrantes

Essai

ISBN : 978-1983862335

10 9 8 7 6 5 4 3 2 1

André Cochut

Le sort des classes souffrantes

Essai

Table de Matières

INTRODUCTION.

La tâche du publiciste est trop souvent ingrate et pénible. Il faut qu'il suive d'un œil vigilant toutes les agitations qui se manifestent, et que, semblable à ces chevaliers qui ne quittaient pas la cuirasse tant que durait leur entreprise, il vive toujours armé de passion, toujours prêt à se jeter dans la mêlée des partis ; ou bien encore, dans une région inférieure, il est réduit à dénoncer au jour le jour les aberrations de l'esprit, à tourmenter des vanités malades, à flageller l'impudence : tristes nécessités qui éternisent la lutte, et avec elle la fatigue et l'aigreur. Par une rare autant que bonne fortune, une sorte de trêve nous est offerte aujourd'hui : des œuvres de la nature de celles que nous avons à signaler, ne peuvent que susciter une vive sympathie, que semer pour l'avenir des germes d'espoir.

Sous ce titre : *De la Bienfaisance publique* [1], M. de Gérando vient de publier un très remarquable ouvrage qui embrasse tout ce qui concerne le régime des classes pauvres. Une méthode rigoureuse, à laquelle on reconnaît un esprit habitué d'ancienne date aux investigations philosophiques, l'abondance des faits recueillis, la possession parfaite de son sujet, que l'auteur a doublement conquise par l'étude des théories antérieures et par les expériences qui résument sa longue carrière administrative, ne tarderont pas à placer le beau travail de M. de Gérando au premier rang des traités sans nombre consacrés au plus épineux problème de la science sociale. Ce n'est pas qu'il ait eu à produire un nouveau système, et nous l'en félicitons : peu de solutions lui appartiennent à titre de découvertes, mais les résultats qu'il s'approprie par une lumineuse discussion, sont enchaînés de telle sorte qu'ils se présentent avec l'importance et l'autorité d'un corps de doctrine. On pourrait même ajouter que le ton calme et pénétré de l'écrivain, la sincérité de son dévouement à l'infortune, ravissent l'adhésion du lecteur, et qu'on éprouve quelque embarras à n'être pas toujours de son avis. Telle a été du moins notre impression, quand parfois nous avons été conduit à produire dans le détail des opinions en désaccord avec les siennes. Un autre traité de M. Félix de La Farelle, de Nîmes, intitulé : *Du Progrès social au profit des Classes populaires non indigentes* [2], se rattache au cœur même de notre sujet, et nous l'avons lu avec fruit. Concentrer ses études sur les classes intermédiaires qui confinent d'une part à l'indigence et de l'autre à la bourgeoisie, sur le prolétariat qui forme la base aujourd'hui ébranlée et mal assise des sociétés, c'est faire preuve de sagacité prévoyante. Les souffrances de ces classes, non moins grandes en réalité qu'à aucune autre époque, mais fort irritantes encore, surtout dans les jours de crise, sont la seule arme de ceux qui rêvent des bouleversements ; mais cette arme est terrible et d'immense portée. M. de La Farelle croit, avec tous les esprits mûris par l'étude et par l'expérience, que les règles sociales en vigueur aujourd'hui permettent les améliorations désirables, ou, pour mieux dire, qu'elles sont une des plus sûres garanties de progrès. Les considérations qu'il présente à ce sujet viennent souvent à l'appui des idées émises par M. de Gérando dans l'importante section de son livre consacrée à la *charité préventive*, c'est-à-dire aux moyens d'améliorer le sort des classes laborieuses, parmi lesquelles se recrute l'indigence proprement dite.

I. – APERÇUS HISTORIQUES.

Cette sympathie qui nous fait souffrir de toutes les souffrances humaines, et qui nous commande impérieusement de les alléger, ce sentiment que les modernes ont nommé *humanité*, n'existait pas, ne pouvait pas exister dans les temps anciens. Le régime des castes subdivisait le genre humain en espèces inégales aux yeux du moraliste comme à ceux du législateur. Comment donc accorder à tous les malheureux, et sans distinction d'origine, la même dose de bienveillance ? C'eût été protester d'un seul coup contre la religion et contre la loi. Quelques sages, dira-t-on, ont recommandé la philanthropie ; on a fondé même en certains pays des institutions secourables ; mais jamais elles n'ont profité aux races frappées de malédiction par les dogmes de l'Orient, ni aux esclaves qui formaient au moins les deux tiers des populations occidentales. D'ailleurs, ces innombrables troupeaux que la servitude isolait au milieu de chaque nation, n'étaient pas le plus exposé à ce dénuement absolu qui compromet l'existence : l'intérêt du maître devenait la garantie de leur conservation. Les tristes caractères de l'indigence, c'est-à-dire la privation des choses nécessaires à la vie, se rencontraient surtout parmi les individus libres de leur personne et abandonnés à leurs propres ressources. D'après l'organisation ancienne, la pauvreté dut être le lot ordinaire des plébéiens ; souvent même, à Rome, leur misère fut si grande, que l'aristocratie sentit l'urgence de prévenir par des libéralités les emportements du désespoir. Mais il est hors de doute que les mesures prises en pareil cas, loin d'être commandées par la commisération, ne furent que des concessions faites à un ennemi politique.

Le dernier volume publié par l'Académie des inscriptions renferme un intéressant mémoire de M. Naudet sur le système des secours publics chez les Romains. Sous la république, on apaisa les prolétaires affamés par des ventes de grains à prix réduits, et plus tard, par des distributions gratuites auxquelles participait la majorité de la population libre. Les indigents trouvèrent, encore une ressource dans la solde militaire, qui fut accordée comme une gratification plutôt que comme la récompense d'un service ; dans la fondation des colonies, dans le patronage des grands, qui procurait une partie des avantages attachés à la domesticité. D'autres expédients, enfin, ne furent que transitoires, et, en quelque sorte, révolutionnaires : par exemple, la remise des impôts, l'extinction des dettes, et le partage des terres à la suite des guerres civiles. — « Jusqu'à Jules César, dit M. Naudet, on donne, on flatte, on achète la faveur par des largesses, mais on n'assure, par aucune fondation modérée et stable, le soulagement de la classe indigente. Il n'y a véritablement pas d'administration des secours publics. Ce n'est qu'à dater du règne des empereurs qu'elle commence. » - Sous l'empire, en effet, les institutions favorables aux classes inférieures se multiplient et se régularisent. Généralement encore, elles sont conseillées secrètement par l'égoïsme. Ces distributions *frumentaires*, auxquelles peut prendre part tout individu libre de naissance ou par affranchissement, ces largesses faites aux gens de guerre, ces concessions de monopole à des corporations, ces prêts sans intérêts, sont plutôt des calculs du despotisme que l'inspiration de la charité éclairée. Toutefois, dès cette époque, des fondations au profit de l'enfance, des règlements favorables aux esclaves annoncent que des germes de commisération viennent d'éclore dans les âmes. C'est que le souffle d'une parole nouvelle les y a répandus. Sur tous les points, de l'empire se sont formées des *assemblées (ecclesioe)* où l'on professe que tous les hommes, égaux devant le seul vrai Dieu, sont membres d'un même corps, et à ce titre se doivent mutuelle assistance. En même temps, ce précepte inouï reçoit de l'exemple une éclatante sanction. Le fonds commun, mis en réserve dans chaque église, devient le patrimoine du pauvre. Une ardente émulation semble établie entre les fidèles pour découvrir et soulager toutes les douleurs humaines ; et quand le christianisme a complété sa pacifique conquête, quand il a placé des empereurs sur le trône, il fait consacrer par la loi civile les établissements qu'il a déjà ouverts pour les enfants, les vieillards, les malades, les infirmes, les indigents et les voyageurs.

Il serait trop long d'énumérer ici toutes les inspirations de la charité pendant le moyen-âge chrétien. L'aumône, recommandée par l'église comme la plus méritoire des vertus, fut aussi ingénieuse qu'active. L'élite des âmes se livrait toute à tous : elle se faisait une sorte de devoir de donner aveuglément, comme pour reconnaître d'une façon plus formelle le privilège sacré du malheur. Mais le remède, ainsi dénaturé par l'application, se trouva impuissant, malgré sa céleste origine. Les plaies sociales s'envenimaient sans cesse. L'autorité civile intervint pour les circonscrire, et ne recula pas devant les moyens les plus violents. Une ordonnance de 1350, rendue au nom du roi Jean, déclare que les mendiants et gens sans aveu seront mis au pilori, et à la troisième fois marqués au front et bannis. La dissolution du monde féodal vint altérer encore, quand elle ne les tarit pas complètement, les sources ordinaires de la charité. Les guerres qui suivirent la réforme, et surtout les phénomènes économiques occasionnés par la diffusion en Europe des trésors du Nouveau-Monde, déplacèrent l'équilibre des fortunes, et multiplièrent à l'infini le nombre des pauvres.

Un long cri de douleur qui s'éleva alors au milieu des plus effrayantes convulsions, présagea l'enfantement d'une société nouvelle. L'éveil fut ainsi donné aux esprits puissants et finement trempés dont ce siècle se trouva mieux pourvu qu'aucun autre. Les principes du gouvernement civil, les règles de la législation, eurent à subir, comme les dogmes religieux, l'épreuve d'une rigoureuse controverse, et la science politique, bientôt constituée dans ses généralités, déroula un vaste programme aux études de détail. C'est alors que, reconnaissant dans l'indigence un vice inhérent à la nature des sociétés modernes, on se demanda si on ne devait pas l'étudier dans ses causes, afin de l'atténuer dans ses effets. La charité, surtout celle qui est exercée au nom de l'état, fut éclairée par l'observation et la théorie. Commencé au seizième siècle, ce développement scientifique ne s'est pas un instant ralenti, et c'est à son appréciation que M. de Gérando a consacré les préliminaires de son livre.

La polémique s'établit dès 1545, sur la terre promise de la mendicité. Deux moines espagnols soulèvent, relativement aux maisons de travail forcé pour les pauvres, des questions qui sont encore à l'ordre du jour. En Angleterre, la suppression des maisons religieuses qui alimentaient les basses classes engendre subitement la lèpre incurable du paupérisme. Les châtiments les plus cruels prononcés contre les mendiants valides, la marque au front, la mutilation des oreilles, le fouet jusqu'au sang, la mort même, n'empêchent pas des gens affamés de tendre la main ; et la reine Élisabeth, souvent attristée par le spectacle de la misère, en est réduite à s'écrier dans les accès de sa sensibilité pédantesque : *Pauper ubique jacet !* A partir de cette époque, l'accroissement du nombre des pauvres devient la préoccupation constante des hommes d'état et des philosophes anglais. En tête de la liste que M. de Gérando en a dressée, rayonne le nom de Shakespeare. Semblable au peintre qui étudie l'anatomie pour mieux traduire sur la toile la nature vivante, le peintre d'Othello et de Jules César apprenait, à dix-sept ans, le grand art de faire vivre les hommes sur la scène, en suivant jusque dans les entrailles de la société toutes les fibres de la passion. Dans un écrit publié en 1581 et réimprimé depuis [3], Shakespeare réclame une organisation du travail favorable aux classes souffrantes. Dans la foule des écrivains qui le suivent, nous remarquons Bacon, Locke, l'auteur de *Robinson Crusoé* et celui de *Tom Jones*. Vers la fin du dernier siècle, les travaux purement économiques de Smith et de son école, les recherches spéciales de sir Morton Eden, de Thomas Ruggles, de Malthus et de Chalmers sur la condition et les habitudes des pauvres ; les explorations entreprises par les philanthropes, à l'exemple du vénérable Howard, et surtout les enquêtes et discussions sans nombre qui ont occupé le parlement jusqu'à celles qui déterminèrent, en 1834, la refonte générale du système, ont produit une telle accumulation de matériaux, qu'elle est devenue pour le publiciste un sujet d'effroi. L'Allemagne, la Suisse et les Pays-Bas sont bien loin d'être restés dans l'indifférence sur ces mêmes matières. Dans les contrées catholiques, l'exercice de la charité est toujours resté une des fonctions du pouvoir religieux, naturellement ennemi des innovations et des théories ; les écrits spéciaux sur la dispensation des secours publics y sont rares, et ce n'est guère que par accident que la question a été traitée par les économistes de l'école italienne. Pour la France enfin, M. de Gérando cite parmi les plus anciens écrits ceux que l'abbé de Saint-Pierre a publiés, en 1721, sur la mendicité. Nous croyons toutefois que bien antérieurement nos hommes d'état s'étaient préoccupés des moyens de soulager le peuple. Mais sous le régime purement monarchique, on était plus frappé des inconvénients de la publicité que de ses avantages. On trouvait dangereux que les docteurs délibérassent tout haut en présence du malade, et les consultations manuscrites, après avoir passé seulement par des mains prudentes, allaient grossir les archives, où on en trouverait plusieurs encore. Vers la fin du XVIIIe siècle, la sensibilité un peu théâtrale des philosophes se répandit dans une foule d'ouvrages sur les établissements d'humanité. Un concours sur l'extinction de la mendicité, ouvert en 1777 par l'académie de Châlons-sur-Marne, donna lieu à plus de cent mémoires dont l'analyse a été publiée, et qu'on lirait encore avec fruit. Peu après, la polémique qui s'éleva sur l'utilité et le régime des hôpitaux nous valut des ouvrages qui, comme ceux de Tenon et de Cabanis, ont conservé de la célébrité. Vint enfin l'assemblée constituante, qui, voulant donner à l'exercice de la bienveillance nationale cette unité, ce caractère de grandeur qu'elle imprimait à toutes nos institutions, forma dans son sein un comité chargé de présenter un système de secours publics, digne d'elle-même aussi bien que du peuple qu'elle représentait. A la suite d'une enquête solennelle, le rapporteur de ce comité, le duc de La Rochefoucaud-Liancourt, développa un large plan appuyé sur ce principe que le soulagement de l'infortune est un devoir de la société, et que ce devoir est rigoureux, absolu. — « Tel qu'il avait été conçu, dit avec justesse M. de Gérando, ce plan était à peu près inexécutable, en raison de sa grandeur même, ainsi que l'expérience l'a trop bien prouvé. Il n'en constitua pas moins le monument le plus majestueux que le patriotisme, la philanthropie et les lumières aient élevé parmi nous à la science qui préside aux établissements de charité. » - L'élan fut ainsi donné. Depuis un demi-siècle, les études spéculatives ont été si persévérantes, et, ce qui vaut mieux encore, les essais de réalisation si fréquents, que la plus sèche énumération nous jetterait hors des limites de notre cadre. D'ailleurs les noms qui ont acquis de l'autorité viendront d'eux-mêmes se placer dans le cours de notre analyse.

II. – DES CARACTÈRES DE L'INDIGENCE.

La vieille locution qui assimile une société au corps humain n'est jamais plus juste que dans le sujet qui nous occupe. Des souffrances dans une partie du corps social jettent le trouble dans toute l'économie, de même qu'une douleur locale dérange toute l'organisation humaine. La même méthode de traitement est à suivre dans les deux cas. Il faut étudier profondément les symptômes du mal, afin d'en saisir la cause et de l'attaquer dans ses effets. Dès-lors, la première question à résoudre est celle-ci : Qu'est-ce que l'indigence ? C'est, répondrons-nous, la privation des choses qui sont strictement nécessaires pour vivre dans l'état de société.

Mais la somme des besoins varie suivant les climats et les mœurs. Il faut à l'habitant du nord une alimentation solide, et la rigueur du froid l'oblige à des dépenses de vêture que n'exigerait pas un ciel plus clément. L'indigent anglais, assisté par la paroisse, ne saurait se passer de sa tasse de thé et des accompagnements d'usage, ce qui serait du luxe pour les petits marchands de Paris. Dans notre pays même, d'un département à l'autre, la limite qui sépare le superflu du nécessaire se déplace. Parfois aussi, ce qu'on a coutume d'appeler des besoins factices, certaines règles de bienséance, certains appétits moraux deviennent des nécessités impérieuses et même respectables. Ainsi, un gîte honnête, une mise décente et en rapport avec les habitudes du lieu qu'on habite, sont aussi indispensables que le pain et l'air qui entretiennent le mécanisme vital. Il ne serait pas sans inconvénients pour une société de laisser amortir, même dans ses membres les plus inférieurs, ce sentiment des convenances, cette dignité naturelle qui peuvent ennoblir la misère même. Ces petites ambitions qui se développent simultanément dans toutes les classes, loin de mériter la désapprobation qu'elles ont encourue de la part des philosophes moroses, prouvent que l'individu s'estime plus lui-même, et que la civilisation élève le niveau de l'humanité.

Il résulte de ces préliminaires que la mesure de l'indigence est essentiellement variable ; et de là naît, pour le dispensateur de la bienfaisance publique, une difficulté des plus sérieuses il doit, avant tout, déterminer pour chaque localité une sorte de tarif légal des dépenses nécessaires, et réputer indigents tous ceux dont les ressources n'atteignent pas ce minimum. Le chiffre que les économistes ont adopté est celui du salaire de la dernière classe des artisans. C'est d'après ce principe que, dans les pays où le pauvre est secouru en vertu d'un droit écrit dans la loi, les commissaires, après avoir évalué les ressources présentes de celui qui demande assistance, déterminent l'allocation qui doit combler le déficit.

Cette règle a conduit les théoriciens à des recherches plus curieuses que réellement utiles sur le taux des salaires en différents pays et à plusieurs époques. Pour obtenir des aperçus tant soit peu justes, il faudrait pouvoir établir, entre la valeur intrinsèque de l'argent, le prix d'échange des denrées et la somme des besoins individuels, un calcul de relations dont les termes manquent presque toujours : les chiffres qu'on prend ordinairement pour moyenne représentent des latitudes si vastes, qu'il est bien facile de s'y égarer. Si l'on s'en tenait au premier témoignage de ces chiffres, on arriverait à des conclusions inadmissibles. Ainsi, en comparant la célèbre ordonnance rendue en 1350 sous le roi Jean, pour régler le taux des salaires, au tarif du prix des journées établi dans chaque département par le conseil général, en vertu de la loi du 21 avril 1832, et qui sert de base à l'assiette de la contribution personnelle, il faudrait conclure que le sort des travailleurs est plus triste encore aujourd'hui que dans les années désastreuses qui enfantèrent la jacquerie. En effet, dans le tarif de 1832, le labeur des journaliers, évalué à 1 franc 50 centimes dans les villes les plus riches, tombe jusqu'à 50 centimes dans certaines communes ; tandis que d'après l'ordonnance du XIXe siècle, les batteurs en grange auraient gagné 12 deniers, et les artisans des villes, de 20 à 32 deniers, ce qui représenterait, suivant l'estimation de M. de Gérando, 1 fr.

dans le premier cas, et une moyenne de 2 fr. 50 c. dans le second. Mais que devient le calcul, si l'on observe d'une part que le tarif départemental est moins une taxe réelle qu'une mesure financière et de pure convention pour établir la répartition des charges locales ; et d'autre part, que, dans le moyen-âge, le cours des monnaies et le prix des denrées étaient si variables, qu'il devient presque impossible de les estimer en valeurs modernes, et que, par exemple, dans cette même année 1350, les espèces subirent une altération qui abaissa leur valeur d'un tiers ?

On a cherché encore, comme limite de l'indigence, la somme indispensablement nécessaire au soutien de la vie. Mais il suffit de rapprocher les divers bilans qu'on a produits pour faire voir qu'ils n'ont pas une valeur positive, et qu'ils peuvent tout au plus fournir de vagues indications. On estime aujourd'hui dans nos grandes villes, dit M. de Gérando, la dépense rigoureuse d'une famille d'ouvriers composée du père, de la mère et de trois enfants, à 840 fr. par an. Mais M. de Villeneuve, qui a administré le département du Nord, a déclaré qu'une famille d'artisans ne pourrait pas vivre à Lille, si le total annuel du salaire demeurait au-dessous de 1051 fr. ; et M. de La Farelle élève le budget d'une famille de taffetassiers, à Nîmes, à 1116 francs 60 centimes. Les deux tiers de ces diverses sommes sont, dit-on, suffisants pour les familles établies à la campagne. La dépense annuelle d'un soldat d'infanterie est évaluée, en France, à 334 fr. 62 c. ou 92 c. par jour ; la journée du malade, dans les hôpitaux de Paris, coûte en moyenne 1 fr. 3 c. Enfin, des philantropes ont admis une formule générale pour évaluer les consommations de première nécessité. La valeur de quatre livres de pain de froment, ou de six livres de pain de seigle, représente, selon eux, la somme nécessaire aux besoins journaliers d'un pauvre, dans les régions renfermées entre les 45e et 55e degrés de latitude. A ce compte, 65 à 75 cent. par jour suffiraient, à Paris, pour un homme adulte ; la dépense de la femme répondrait aux deux tiers, et celle de chaque enfant, à la moitié. Il ne faut pas oublier toutefois que ces évaluations ne comprennent que les objets indispensables, et que la surcharge d'un enfant, une maladie, une dépense imprévue, un temps d'arrêt dans les travaux, font aussitôt tomber la famille réputée indépendante à l'état d'indigence. Nous reproduisons ces aperçus sans leur accorder la moindre importance. En condamnant le pauvre aux plus douloureuses privations, en comprimant tous ses désirs, on peut abaisser à volonté le minimum du nécessaire. Une famille, réduite au budget que nous venons de présenter, vivrait sans doute ; mais le but que doit se proposer une administration paternelle serait-il atteint ? N'est-ce pas rendre un triste service à celui qui souffre que de prolonger son existence, si l'on ne parvient pas à la lui faire aimer ?

La statistique, qui depuis quelques années a si fort compromis la vieille autorité des chiffres, n'est jamais plus incertaine que lorsqu'elle prétend indiquer la prospérité relative des états par le nombre de leurs indigents. Cette remarque ne pouvait pas échapper à la sagacité de M. de Gérando, et elle le conduit à un aveu qu'il ne fait pas sans regret. « L'espérance d'obtenir une statistique de l'indigence, digne de ce nom, est, nous dit-il, une illusion dans l'état présent des choses. » La statistique, on le conçoit, ne peut pas donner la mesure des souffrances réelles, mais seulement indiquer le nombre des personnes qui réclament l'assistance publique. En ne lui demandant pas même autre chose, il faudrait encore, pour que les chiffres devinssent significatifs, que les conditions de l'indigence fussent les mêmes partout. Or, elles sont au contraire tellement incertaines, qu'elles varient, nous ne dirons pas d'une nation à l'autre, mais entre les divers quartiers d'une ville, et qu'un individu, admis au secours dans le deuxième arrondissement de Paris, serait considéré dans le douzième comme au-dessus du besoin. Il faudrait encore que, dans chaque pays, l'administration dressât le relevé des assistés, d'après une même méthode, et avec une exactitude parfaitement égale. Aucune de ces conditions n'est remplie. De là, des résultats si monstrueusement contradictoires, qu'il devient assez piquant de mettre les statisticiens en présence. Il y aurait, en France, 1 indigent sur 7 personnes, d'après Schmdlin et Schoën ; Sur 25, suivant M. de Villeneuve-Bargemont ; sur 34, d'après M. Balbi. Ce dernier dit 1 sur 63 pour le Wurtenmberg, et Schmdlin 1 sur 22. La proportion généralement admise pour la Suède, par ces écrivains, est de 1 sur 121, à l'exception de M. de Villeneuve qui compte 1 sur 25. Mais deux hauts fonctionnaires suédois, intervenant dans le débat, donnent des nombres fort différents, sans toutefois s'entendre entre eux : l'un adopte 1 sur 42, et l'autre 1 sur 5. Pour l'Europe, en général, la moyenne fournie varie entre 1 sur 10 et 1 sur 20. Nous ne savons pas, enfin, si on pourrait citer une seule localité sur laquelle les statisticiens tombassent d'accord.

II serait fâcheux, toutefois, que le ridicule frappât mortellement les recherches de ce genre ; la lueur qu'elles projettent, si douteuse qu'elle soit, peut être utilisée. M. de Gérando s'est placé dans un convenable milieu, en présentant des chiffres comme des indications approximatives, et non comme des faits éprouvés. D'ailleurs, la source à laquelle il a préférablement puisé, a reçu une consécration solennelle ; c'est l'enquête dirigée par voie diplomatique sur tous les points du globe, au nom du parlement d'Angleterre, et qui a alimenté la grande discussion entamée en 1834, relativement au régime des pauvres. Ce qui fait le prix de ces derniers documents, c'est qu'ils répondent, autant que possible, aux questions que doit poser l'administrateur éclairé, comme la répartition des indigents, suivant les localités urbaines ou rurales ; la classification des assistés, d'après les causes qui assurent leurs droits ; le montant des taxes et le système de secours. La multiplicité des détails nous interdit les citations ; nous nous contenterons de mettre en parallèle les deux grandes nations qui dominent le mouvement européen.

Le dernier recensement fait en Angleterre, date de 1815. A cette époque, 1 individu sur 13 était inscrit sur les registres de paroisse ; mais la répartition, fort capricieuse, faisait peser sur certaines provinces des charges intolérables. L'Irlande, n'étant pas alors soumise au régime de la taxe légale, n'a pu sonder rigoureusement ses plaies : on sait trop qu'elles sont douloureuses et profondément ulcérées. Un rapport, présenté récemment au parlement britannique, permet de compter pour deux millions, c'est-à-dire pour plus du quart de la population entière, ceux qui ont recours à la charité publique. En 1833, l'Irlande exténuée a envoyé dans ses infirmeries trois fois plus de malades que la France toute entière dans ses riches hôpitaux.

En 1789, le duc de La Rochefoucauld-Liancourt déclarait, à l'assemblée nationale, qu'un dixième de la population française végétait dans le dénuement. Si ce n'est pas là une de ces exagérations de sensibilité, que la mode autorisait alors, il faut reconnaître que les choses se sont beaucoup améliorées depuis, et saluer notre révolution comme un bienfait. Un rapport ministériel, publié en 1837, nous apprend que 589,302 personnes ont été admises, en 1833, dans les hôpitaux et hospices, et que 695,932 ont été secourues à domicile. Or, il faut remarquer que beaucoup de malheureux, après avoir fait séjour dans les maisons de traitement, ont pris part aux distributions des bureaux de bienfaisance, et figurent ainsi dans les deux états. On peut donc réduire approximativement le nombre des assistés à un million, ou 1 sur 33. La répartition entre les diverses localités est d'ailleurs fort inégale : les deux termes extrêmes sont 1 sur 6 dans le département du Nord, et 1 sur 388 dans la Dordogne. A Paris, un quinzième de la population reçoit des secours ; à Lille, c'est la moitié, ou peu s'en faut, qui est réduite à cette extrémité.

Un cri d'alarme, poussé d'abord en Angleterre, et qui depuis a trouvé partout des échos, a signalé le paupérisme comme un monstre qui grossit sans cesse, au point de devenir menaçant pour la civilisation européenne. En effet, dans ces tableaux que les gouvernements ne craignent plus de livrer à la publicité, la progression du nombre des indigents et du montant des taxes est presque générale et constante. M. de Gérando fait à ce sujet de consolantes réflexions. Selon lui, le système des secours tendant à se régulariser dans chaque pays, et les ressources de la charité publique devenant plus abondantes, une foule plus nombreuse est admise naturellement à y prendre part. Le mal ne naît pas pour cela, il se découvre [4]. Il n'y a pas plus de gens qui souffrent, mais plus de gens qui reçoivent, parce qu'on est en mesure de donner plus. « D'ailleurs, ajoute-t-il, par le seul effet des progrès de la civilisation, les conditions jugées nécessaires au bien-être s'étendent, les besoins se multiplient. Celui qui jadis était seulement pauvre, devient nécessiteux, parce qu'il y a pour lui des nécessités nouvelles. Loin que cet effet atteste une augmentation dans la masse de la misère, il résulte, au contraire, d'une augmentation dans la prospérité sociale. » La taxe anglaise, dit-il encore, est moins une aumône qu'une subvention pour compenser l'insuffisance des salaires ; et, pour dernier argument, l'abaissement progressif et général de la mortalité, la prolongation de la vie commune, l'accroissement de la population européenne, qui coïncide, en France surtout, avec une diminution dans le nombre des naissances, démontrent que l'aisance tend généralement à se répandre, et que les basses classes sont enfin prémunies contre ces fléaux que la misère engendrait autrefois pour les dévorer. »

Il y aurait peut-être quelque danger à admettre cette opinion sans correctif. En général, malgré la haute raison de l'auteur, nous avons cru découvrir en lui un penchant à l'optimisme, contre lequel nous nous tenons en garde. Il est indubitable que la masse de la misère, mesurée d'une manière absolue, est moindre que jamais. Le pauvre est moins pauvre matériellement qu'à aucune autre époque. Oui, cette indigence qui s'attache aux entrailles a disparu, mais il y a plus de misère morale ; et, si le philanthrope, qui ne considère que les souffrances individuelles, a lieu de s'applaudir, l'homme d'état doit prendre l'alarme à ces symptômes de malaise, à ces sombres tristesses, à ces secousses maladives et de plus en plus fréquentes qui tiennent dans un douloureux éveil nos vieilles sociétés, si désireuses du repos. Nous savons bien que les causes de ce phénomène sont diverses, et qu'elles tiennent en partie à un état passager des esprits ; mais il en est qui sont permanentes, et que nous allons tâcher de découvrir, en prenant toujours M. de Gérando pour guide principal.

III. – DES CAUSES DU MALAISE SOCIAL.

Le malaise d'une société et l'appauvrissement d'une partie de ses membres sont déterminés, suivant l'auteur du traité *de la Bienfaisance publique* par cinq causes principales, qui, d'ordinaire, agissent isolément, et parfois se combinent d'une manière effrayante : 1° la mauvaise répartition de la fortune publique, ou, pour parler le langage précis des économistes, du *capital social* ; 2° l'action absorbante du commerce et de l'industrie ; 3° l'accroissement excessif de la population, relativement aux moyens de subsistance ; 4° le vice des institutions publiques ou les fautes administratives ; 5° enfin, le désordre dans les mœurs et les relations privées. A ces causes premières de l'indigence, il ajoute l'abus des remèdes employés contre l'indigence même, les erreurs en matière de charité publique.

L'accroissement de la somme totale des richesses n'est pas

une mesure invariable de prospérité. Quand cette richesse, en s'augmentant, se répand également dans toutes les classes, il y a bénéfice réel et une sorte d'épanouissement. Le contraire arrive quand les forces acquises se distribuent d'une façon inégale : car cette augmentation de la fortune publique a eu pour effet de changer l'état des mœurs, de solliciter des consommations, de créer en un mot des nécessités nouvelles. Or, d'après la remarque développée plus haut, la misère étant relative, sa limite étant essentiellement variable et uniquement déterminée par l'opinion, il y a surcroît de misère et souffrance inquiétante quand les besoins généralement provoqués ne sont pas généralement satisfaits. La société se trouve dans la piteuse condition d'un homme qui s'enrichit et perd la santé. C'est ainsi que doivent s'expliquer l'accroissement du nombre des pauvres et la sourde irritation qui coïncide aujourd'hui avec l'enrichissement de presque tous les peuples européens. L'inégalité dans la répartition des fortunes, dira-t-on, était beaucoup plus grande encore dans les âges antérieurs : il est vrai, mais la majorité s'y résignait, comme à une loi naturelle. Chacun apercevait, dans l'état où il était né, la limite extrême de son ambition. Aujourd'hui, les barrières sont renversées et les classes confondues, les ambitions sont sans bornes, et l'on n'a pas encore compris qu'un droit ne saurait être que le couronnement d'un devoir.

Hâtons-nous d'ajouter, pour ne pas laisser prise aux farouches apôtres d'une égalité chimérique, que si la trop grande disproportion des fortunes engendre la misère, un partage trop égal serait un acheminement vers le même abîme. Si la somme des profits réalisés par une société se distribuait de telle sorte que chacun eût à peu près les mêmes éléments de bien-être, tout principe d'émulation s'amortirait, et de l'équilibre des forces sociales résulterait bientôt l'immobilité du néant. L'inégalité des ressources, l'excitation du besoin, le désir d'améliorer le présent, d'assurer l'avenir, de constituer une famille afin de revivre honorablement dans les siens, sont autant de ressorts qui doivent agir sans relâche pour entretenir le mouvement. Quelle est la loi de ces oscillations ? dans quel rayon doivent-elles s'opérer ? Grandes questions que l'économie politique a laissées indécises, et qu'il ne faut pas espérer de résoudre d'une manière absolue. Le mal commence, selon nous, quand viennent à manquer, pour une partie de la société, les

20

occasions ou les instruments du travail, et que la certitude d'élargir sa condition à force d'énergie ne soutient plus l'homme pauvre dans la rude tâche que la fatalité lui commande.

Quant à l'industrie, M. de Gérando paraît beaucoup plus préoccupé d'en faire l'apologie, que de rechercher pourquoi les germes de misère se développent de préférence dans les foyers de fabrication. Le langage des faits a une énergie à laquelle il faut se rendre : il est constaté que, dans les districts manufacturiers, l'affaiblissement corporel est plus général et la mortalité plus grande que dans les régions agricoles. Si les salaires sont plus élevés pour les artisans, leur agglomération autour d'un même centre élève proportionnellement le prix des denrées. Leur sort est aussi plus précaire. La concurrence effrénée, l'engorgement des magasins, les balancements du crédit, l'introduction des procédés nouveaux, déterminent périodiquement des crises qu'ils ne traversent pas sans souffrances. Nous savons que les machines, en rendant plus favorables les conditions de vente, augmentent, en dernier résultat, le nombre des travailleurs : mais il n'est pas moins vrai que la transition fait des victimes dont la charité publique doit prévenir le désespoir. Un autre effet de l'emploi des forces mécaniques qui neutralisent les forces humaines est de substituer des enfants qu'on épuise aux adultes, et de condamner prématurément ceux-ci à l'inutilité [5]. L'auteur du traité *de la Bienfaisance publique* accepte ces difficultés avec une résignation trop héroïque. Il s'écrie : « Le navire qui s'élance hors du port en déployant ses voiles, qui traverse l'océan pour aller conquérir des richesses inconnues, ne peut-il pas être arrêté par le calme, assailli par la tempête, brisé contre un écueil, frappé de la foudre ? Et comment l'industrie, dans son vol audacieux, ne rencontrerait-elle pas aussi des périls ? » Pour qui observe de si haut les choses de ce monde, les convulsions de quelques victimes isolées cessent d'être perceptibles. On ne distingue plus que les mouvements d'ensemble, et comme, en dernier résultat, ils tournent toujours au profit de l'humanité, on se repose aisément dans cette conviction, que du mal de quelques-uns doit sortir le bien du plus grand nombre. La charité doit craindre de s'égarer dans les nuages de la théorie ; sa place est sur terre, et sa tâche est particulièrement de contrebalancer l'effet des fatalités sociales. Encourageons le génie industriel, et rendons hommage à son action bienfaisante mais ne nous étourdissons pas ainsi sur quelques-unes de ses conséquences, qui sont déplorables. Ne nous lassons pas de demander si les services qu'on en reçoit ne pourraient pas coûter moins cher, surtout à la classe malheureuse, qui en profite le moins.

M. de Gérando conserve la même sécurité, relativement au développement excessif des populations. Il s'en tient aux théories de Smith et de Say, pour qui tout individu est à la fois producteur et consommateur ; de sorte que la somme des besoins qui sollicitent, finirait toujours par se balancer avec celle des moyens de satisfaction. Les axiomes de ce genre sont plus ingénieux que solides. Ils ont déjà fléchi dans la discussion, et succomberont tôt ou tard sous la réfutation brutale de l'expérience. Assurément, l'équilibre s'établit, pour quelques instants du moins, mais c'est à force de secousses violentes, qui laissent froissés un grand nombre d'individus. Ce sont de pareilles secousses qui déterminent la misère, et que tout gouvernement doit s'efforcer de prévenir. S'il était exact de dire que les accroissements de la population, en augmentant le nombre des travailleurs, multiplient dans une proportion croissante la somme commune du bien-être, le remède à tous les maux serait trouvé, et d'une application facile. Il n'y aurait qu'à favoriser cette fécondité dont tant d'économistes s'effraient, et à surexciter la fièvre industrielle. Pour qu'il en fût ainsi, il faudrait que l'industrie elle-même eût un puissant régulateur. Tout au contraire, le monde où règne aujourd'hui la spéculation, est le plus exposé de tous aux crises et aux déchirements qui en sont la suite.

M. de Gérando, après avoir cédé trop facilement à l'autorité d'un système célèbre, ne tarde pas à s'en affranchir, et touche la difficulté réelle lorsqu'il dit : « Chaque profession ne comporte qu'une proportion déterminée dans le nombre de ceux qui l'exercent. Lorsque les cadres de l'une d'elles sont remplis, ceux qui se présentent pour y entrer, occasionnent un embarras d'autant plus grand qu'ils affluent davantage. Ce n'est pas l'excès de la population qui cause ces inconvénients souvent funestes au repos de la société, ce sont les erreurs commises dans la façon dont elle se distribue, ce sont les méprises de ceux qui s'obstinent à se précipiter dans une carrière déjà obstruée. » Rien n'est plus exact. Il nous reste à ajouter seulement que, quand la population s'accroît démesurément, la répartition devient, en raison même de son abondance, un problème presque insoluble. Il a bien fallu que l'embarras parût grand à beaucoup d'économistes, pour qu'ils en vinssent à se demander s'il ne serait pas possible de contrarier les entraînements naturels et de restreindre la fécondité. M. de La Farelle, dans un chapitre qui résume parfaitement la discussion, propose de reculer l'âge où l'union conjugale serait permise aux adultes de l'un et de l'autre sexe ; il appelle aussi de tous ses vœux une organisation de la classe ouvrière capable de remplacer, dans leur action prévoyante, les jurandes et maîtrises qui forçaient autrefois l'apprenti et le compagnon à reculer assez loin l'époque du mariage. Il voudrait encore qu'on adoptât un système de colonisation assez puissant pour soulager au besoin le sol national.

Les pays où la misère se propage doivent interroger sévèrement leur code administratif, et se demander surtout si le mécanisme financier ne fait pas porter la plus lourde partie du fardeau sur les classes déjà exténuées. Il ne faut pas se hâter toutefois de dresser contre un gouvernement l'acte d'accusation. Rien n'est plus difficile que de concilier tous les intérêts en matières fiscales. Atteindre particulièrement les privilégiés de l'ordre social, c'est compromettre la consommation, et ôter en main d'œuvre, aux travailleurs, beaucoup plus qu'on ne leur laisserait par un léger dégrèvement. Les taxes somptuaires ne peuvent frapper que des objets à l'usage de la vanité, et qui ne soient pas d'ailleurs le produit direct d'une industrie importante. C'est ainsi que les Anglais ont établi un impôt sur les domestiques mâles, les chevaux, les chiens, les voitures, les armoiries : mais ces taxes seraient peu productives dans un pays comme le nôtre, où le faste, excessivement rare, est incessamment réduit par la division des fortunes. L'impôt progressif, dont l'idée sourit à la démocratie, c'est-à-dire l'impôt qui augmenterait en proportion du revenu, serait injuste, vexatoire, immoral, et par-dessus tout impraticable. Comment atteindre les revenus de tous les genres ? Le chef d'une nombreuse famille, l'homme forcé par son rôle dans le monde à de grands frais de représentation, n'est-il pas dans la réalité moins riche avec une forte rente, que l'obscur et inutile célibataire avec de moindres ressources ? Si l'on croit devoir prendre en considération de telles circonstances, il faudra donc violer le sanctuaire privé, et entreprendre annuellement une enquête pour chaque contribuable ? Mais, dès lors, que de ruses pour mentir à la loi ! Quelle déplorable émulation pour se rapetisser aux yeux de tous ! En général, les théories financières qui s'attaquent particulièrement à la richesse ont un grand inconvénient. Des contributions prélevées sur des superfluités n'offrent pas les conditions de sécurité exigibles. Il suffirait d'un caprice de la mode, ou d'un parti pris des classes riches, pour diminuer les sources du revenu public et entraver l'administration. En règle générale, le meilleur impôt pour le financier est celui qui promet la plus grande fixité dans les produits, la plus grande facilité dans la perception. « Il faut bien en convenir, ajoute à ce sujet M. de La Farelle, ces conditions se rencontrent surtout dans les impôts qui frappent les objets de la plus universelle consommation, et ces objets sont ceux qui répondent aux premières, aux plus pressantes nécessités de la vie ; d'où suit qu'au point de vue financier, les meilleurs impôts sont presque toujours ceux qui atteignent directement les masses, les classes inférieures de la société. »

La misère n'a pas toujours sa cause et son excuse dans l'organisation sociale. Quelquefois le pauvre ne peut accuser que lui-même des maux qu'il endure, et c'est le cas le plus ordinaire, lorsqu'il est en état de validité. La fainéantise, l'imprévoyance, le libertinage, le jeu, l'ivrognerie, tous les vices qui conduisent au crime les natures violentes, creusent pour la foule inerte l'abîme de la pauvreté. Pleins de cette conviction, les délégués du parlement anglais, après avoir indiqué les mesures législatives qu'ils jugent les plus propres à régénérer les classes que dégrade le besoin, ont déclaré solennellement qu'on doit moins compter sur les inspirations de la science administrative, que sur l'influence de l'éducation morale et religieuse.

Nous avons cherché et seulement montré du doigt les sources de la misère : opération si triste qu'on nous pardonnera de ne les avoir pas fouillées profondément. Ces sources ne s'arrêtent jamais, et la tâche de les épuiser serait au-dessus des forces humaines ; mais elles ne sont pas toujours également abondantes. Il y a des époques calmes et fécondes où elles suivent faiblement leur pente fatale, avec une plainte qui émeut, mais qui n'est point une menace. Il n'est pas impossible alors de les cacher aux regards des peuples, peut-être même de les diriger utilement. Ainsi arrive-t-il dans ces jours sans nuages, où le travail est facile, où chacun entrevoit dans la moisson commune sa gerbe qui mûrit et se pare des reflets dorés de l'opulence. Mais viennent les orages, et tous les aspects s'assombrissent : ces sources de la misère publique, courants imperceptibles tout à l'heure, se ravivent tout à coup, se gonflent de fange et d'écume, unissent leur furie : vaste inondation qui dégrade pour longtemps le sol national, et ne laisse après elle que des ruines.

Ce n'est pas seulement la prudence qui commande aux sociétés d'épier le fléau, et d'en prévenir autant que possible la redoutable explosion. La justice, la loyauté, la pudeur publique exigent avec non moins d'autorité qu'on s'occupe des classes souffrantes. En effet, si la distribution des richesses conquises par le travail ne doit s'opérer que d'une façon inégale ; si l'industrie, en accélérant son mouvement producteur pour multiplier les jouissances communes, use et rejette les machines humaines qu'elle a mises en jeu ; si la tâche de l'avenir qu'une nation ne doit jamais interrompre, ne se peut faire qu'en sacrifiant quelque chose du présent ; pour tout dire, enfin, si la civilisation fait inévitablement des victimes, n'est-il pas de toute justice qu'elle s'applique à les dédommager ? La réponse ne serait pas douteuse, si l'on cédait au premier entraînement ; mais la science qui se nourrit de doute et d'objections, est de son naturel défiante et rétive : elle a observé, supputé, analysé, disserté, si bien qu'aujourd'hui les docteurs, à peine d'accord sur le principe, sont en plein dissentiment quant aux moyens d'exécution.

IV. – PRINCIPES DE LA BIENFAISANCE PUBLIQUE.

Le christianisme a fait entrer si profondément dans nos instincts le sentiment de la commisération, et la croyance d'une pieuse solidarité entre les hommes, que le soulagement de l'indigence a été considéré par les nations modernes comme l'acquit d'une dette sacrée. Les premiers maîtres de la science politique, Grotius, Bossuet, Montesquieu, n'ont pas même élevé un doute à ce sujet. L'auteur de *l'Esprit des Lois* pose en axiome que « l'état doit à tous les citoyens une subsistance assurée, la nourriture, un vêtement convenable et un genre de vie qui ne soit pas contraire à la santé. » Ce principe, accepté par nos premières assemblées législatives, comme tout ce qui avait un relief généreux, est soutenu aujourd'hui encore par les théoriciens qui prétendent fonder une école *chrétienne* sur le terrain de l'économie politique. Son principal organe est chez nous M. de Villeneuve-Bargemont. Les conséquences pratiques de ce principe varient suivant les institutions avec lesquelles il se combine. Dans les pays purement catholiques, la tutelle des pauvres est restée une des attributions du pouvoir religieux. Une multitude d'établissements charitables, qu'aucun lien ne rattache les uns aux autres, dispersent au hasard et sans préoccupation systématique le revenu des anciennes fondations et le produit des aumônes journalières. Dans les pays où les biens ecclésiastiques ont été confisqués, les indigents sont retombés lourdement à la charge du public. En France, la dette contractée envers eux n'est que facultative. En Angleterre elle est reconnue légalement [6]. Tout individu, par le seul fait de son indigence, devient, en quelque sorte, créancier de l'état, et est admis à faire valoir devant les tribunaux son droit à l'assistance.

Dans la dernière année du dix-huitième siècle, un politique chagrin, et si bien cuirassé de logique qu'il n'était pas possible de le toucher au cœur, vint se placer en face des moralistes qui prêchaient la compassion, et leur jeta pour défi une doctrine impitoyable. « Un homme qui naît dans un monde déjà occupé, osa dire Malthus, si sa famille n'a pas le moyen de le nourrir, et si la société n'a pas besoin de son travail, n'a pas le moindre droit à réclamer une part de nourriture : il est réellement de trop sur la terre ; la nature lui commande de s'en aller, et elle ne tarde pas à mettre cet ordre à exécution. » Cette cruelle sentence souleva une telle réprobation, qu'elle fut rayée par l'auteur dans les éditions suivantes de son livre ; mais l'esprit qui l'avait dictée subsista, et règne encore avec quelques adoucissements dans une école aujourd'hui fameuse. Aux yeux de Malthus, la misère étant la conséquence plus ou moins éloignée du désordre des mœurs, ou tout au moins d'une coupable imprévoyance, devient moins un malheur qu'une faute dont les privations et l'avilissement sont la punition nécessaire. Faire contribuer le riche, c'est-à-dire l'homme qui a acquis par l'ordre et le travail, pour nourrir l'indigent, c'est-à-dire l'homme qui s'est laissé déchoir, c'est commettre une erreur dangereuse en politique, et répréhensible en morale. Les institutions secourables, surtout celles qui ont l'appui des gouvernements et une existence légale, n'ont pas d'autre effet que de dispenser les natures indolentes ou viciées de l'énergie, de la prévoyance et des vertus qu'on doit exiger de tous les citoyens, et, en dernier résultat, elles font beaucoup plus de malheureux qu'elles n'en soulagent. L'homme qui s'est marié sans probabilité de nourrir sa famille, est un coupable qui doit subir la peine prononcée par la nature, et cette peine est la mort au milieu des angoisses de la misère !

Le sinistre retentissement de cette doctrine appela l'attention des hommes d'état sur des phénomènes trop longtemps négligés. Il fallut bien reconnaître qu'en effet toutes les taxes prélevées en faveur des pauvres tendaient incessamment à s'accroître, et que la foule de ceux que l'état voulait bien accepter pour créanciers grossissait en raison des sacrifices qu'on s'imposait pour les satisfaire. Il fut également constaté qu'un refuge spécialement ouvert à quelqu'une des infirmités sociales semblait multiplier le nombre de ceux qui en étaient atteints [7]. De ces observations, plusieurs économistes, disciples apprivoisés de Malthus, conclurent que tout gouvernement doit s'interdire les œuvres de bienfaisance ; qu'il ne doit agir que préventivement, c'est-à-dire neutraliser autant que possible les germes du mal, mais en même temps fermer les yeux sur le mal qui s'est produit, et en abandonner le soulagement aux hasards de la charité individuelle. Un des apôtres de cette opinion, qui domine en Angleterre, est le docteur Chalmers. En France, l'institut sembla avouer son hésitation, en couronnant, en 1829, deux ouvrages où ces principes étaient professés avec un talent remarquable et une conviction éclairée, ceux de MM. Duchâtel et Naville, et en appelant au partage du prix un adversaire, l'auteur du livre qui nous occupe.

M. de Gérando prétend prendre le milieu entre les économistes qui proclament que la société *doit* des secours aux indigents qu'elle renferme et ceux qui, niant formellement cette obligation, condamnent toute intervention bienfaisante de l'autorité. Il établit une distinction, fort subtile il est vrai, entre le droit civil et *légal* qu'il refuse au pauvre, et un certain droit *moral* qu'il lui attribue. La société, ou plutôt le pouvoir qui la représente, n'abdique pas dans son système la faculté de refuser, et, quand il donne, c'est avec discernement et liberté. Les adversaires de la bienfaisance publique ne manqueront pas de dire que cet amendement c'est qu'une évolution de mots, et ne change rien au fond des choses ; que dans aucun pays, même en Angleterre, l'aumône n'est accordée sans discernement, et que si les demandes y sont déférées au juge de paix, c'est afin que ce magistrat se prononce sur leur légitimité, comme ferait chez nous un administrateur charitable. Le droit moral accepté par M. de Gérando, dira-t-on encore, aurait autant d'autorité que le droit civil, et malheureusement les mêmes effets. Il suffit de la perspective d'un refuge toujours ouvert à l'infortune pour entretenir le pauvre dans une sécurité coupable, tandis qu'il importe de l'effrayer sur les suites de son apathie ou de ses désordres ; tandis que la perspective d'un terrible supplice, d'une misère sans secours pour lui et pour les siens, doit éveiller en lui une énergie désespérée qui le relève de son abjection.

Nous reproduisons ces arguments sans y souscrire. Nos convictions, d'accord avec nos sympathies, sollicitent cette bienveillante tutelle que désire M. de Gérando. Le système qui proscrit toutes les institutions charitables est tellement exagéré, que ceux qui le professent en théorie reculent devant les rigueurs de l'application, et font grâce à certaines classes d'infortunés, qu'on ne peut sans inhumanité rendre responsables de leurs misères, les invalides, les enfants, les vieillards. Souvent même, demanderons-nous, n'y aurait-il pas beaucoup de sévérité à punir un individu des vices de son organisation, qui le disposent à l'inertie ou aux violents écarts ? Les habitudes physiques ou d'éducation ne deviennent-elles pas une seconde nature, et les penchants presque irrésistibles qu'elles développent ne sont-ils pas de trop réelles infirmités ? En fait, la nécessité prend rarement conseil de la théorie, et tranche brutalement la question. Dans un pays comme l'Angleterre, où la disproportion des fortunes, les secousses du crédit, les hasards de la spéculation, rompent souvent l'équilibre qui doit exister entre les moyens de travail et la population, entre les salaires et les denrées, il n'y a pas à discuter. L'établissement légal d'un secours est une mesure commandée aussi impérieusement par la prudence que par la commisération. Mais ce remède est affligeant et honteux ; il est plein de périls, et, dans la crise industrielle qui agite l'Europe, le premier devoir des hommes d'état est de modérer les tendances qui peuvent conduire à ces extrémités.

Les règles de la bienfaisance publique sont sagement tracées par M. de Gérando. La première opération de l'administrateur doit être de démêler, dans la foule de ceux qui sollicitent des secours, l'indigence réelle de la pauvreté simulée. Il y a des gens pour qui l'apparence de la misère n'est que l'enseigne d'une industrie lucrative. Les mendiants ont calculé, dit-on, qu'une personne leur donne sur vingt à qui ils s'adressent ; et c'est pour cette raison qu'en certains pays ils appellent la rente qu'ils prélèvent sur le public le *cinq pour cent*. Suivant M. de Villeneuve, leur nombre doit s'élever à trente mille pour toute la France. On estime qu'ils gagnent à Paris de 9 à 12 francs par jour. Il est d'usage entre eux de se réunir une fois par semaine ; les haillons sont jetés bas, les plaies se ferment, les membres se redressent, le masque piteux et la voix traînante sont remplacés par les éclats d'une grosse gaieté qu'alimente l'orgie. Lorsqu'ils sont enclins à la sordide avarice, affranchis de toute représentation, il leur devient facile d'accumuler. Quelques-uns ont laissé à leurs héritiers une sorte d'opulence. Un fait qui tient du prodige est celui de Thomas Humm, qui mendiait encore en 1838 sur les grandes routes du comté d'Essex, et qui vient de laisser, assure-t-on, 1,700,000 livres sterling, ou 42,500,000 francs. Loin d'avoir droit à la sympathie, la mendicité impudente, effrontée, est une extorsion qui appelle la juste rigueur des lois.

Parmi ceux dont l'indigence est réelle, il y a distinction à faire entre les valides et les invalides. Les premiers n'ont droit qu'au travail ; encore doit-on les occuper de telle sorte que leur condition ne puisse pas faire envie aux ouvriers libres. Pour les infirmités physiques, les établissements spéciaux sont nécessaires ; mais ils seraient plus dangereux qu'utiles s'ils s'ouvraient avec trop de facilité, et s'ils ne laissaient pas sentir à ceux qui y sont admis le prix de l'indépendance honorablement acquise par le travail. Ces établissements doivent-ils être entretenus par la commune qui en sent le besoin, ou dotés par le trésor public ? M. de Gérando pense qu'en faisant subir à une ville la charge de ses pauvres, on l'intéresse à en diminuer le nombre par une administration vigilante : mais il admet l'intervention de l'état en faveur des localités dont l'impuissance est reconnue. Au surplus, un rapide examen des législations européennes va nous démontrer que ces conseils de la théorie tendent généralement à passer dans la pratique.

La constitution de 1791, inscrivant dans la loi les droits du malheur, déclare : « Qu'il sera créé et organisé un établissement de secours publics pour élever les enfants abandonnés, soulager les pauvres infirmes et fournir du travail aux pauvres valides. Ce service, qu'on range définitivement dans les attributions de l'autorité civile, est divisé en deux branches principales, l'assistance à domicile et les établissements hospitaliers. Les besoins présumés de l'indigent deviennent la règle de la bienfaisance. On distingue trois ordres de secours, destinés aux malades, aux infirmes et aux valides, et quatre degrés dans l'assistance, savoir : 120 francs pour le maximum de l'allocation, et les trois quarts, la moitié, le quart de cette somme, selon les cas. La dépense est acceptée comme une dette par l'état ; il y doit être pourvu par un fonds unique, patrimoine commun de tous les Français tombés dans l'indigence. En mars 1793, la Convention fortifie, en projet du moins, l'édifice combiné par la première de nos assemblées. Elle décrète que le fonds de secours, destiné par la république à l'indigence, sera fourni par le trésor et distribué par la législature entre les départements, en raison de leurs besoins présumés. En conséquence, le patrimoine des maisons hospitalières et le produit des donations charitables doivent être capitalisés et mis à la disposition des agents de l'autorité. Le fonds commun a cinq destinations principales : travaux pour les valides, secours à domicile pour les infirmes et les vieillards, maisons de santé pour les malades sans domicile, hospices pour les enfants abandonnés, les vieillards et les infirmes, secours pour les accidents imprévus. Peu après, de nouvelles dispositions sont encore ajoutées à cet ensemble déjà colossal. On institue un grand livre de la bienfaisance nationale : l'extrait de l'inscription à ce livre représente pour le pauvre un contrat légal, le titre formel d'une pension sur l'état. Chaque année, le grand livre de la bienfaisance doit être lu publiquement dans une fête nationale, consacrée au malheur. Si la promulgation d'une pareille loi n'est pas une manœuvre politique pour fasciner les classes populaires, il ne reste plus qu'à admirer la généreuse étourderie, les entraînements puérils des législateurs de cette époque. Il n'est pas nécessaire de dire que le projet ne survécut pas à la Convention. La législature qui lui succéda rendit aux établissements d'humanité leur existence civile,

IV. – PRINCIPES DE LA BIENFAISANCE PUBLIQUE.

leur dotation, leur indépendance, leur action locale et spéciale. Les maisons hospitalières pour les infirmes et les infortunés sans asiles, les bureaux de bienfaisance pour le soulagement à domicile des nécessiteux, ont été placés sous la surveillance de l'autorité municipale et sous la tutelle du gouvernement. Les pouvoirs législatifs n'exercent plus qu'un contrôle financier et n'interviennent que pour assurer la dotation du service dans son ensemble. Pour chaque établissement cinq commissaires gratuits, renouvelés par cinquième, et ayant sous leurs ordres un comptable pour la gestion des deniers, et un économe pour la manutention du matériel, les deux derniers salariés, cautionnés et responsables, composent le personnel ordinaire. Tel est le régime en vigueur : mais il ne résistera pas longtemps, sans doute, aux réclamations qu'il soulève. Il nous semble qu'en effet les administrations oublient trop souvent qu'une économie obtenue sur les frais de régie serait la première aumône à faire aux pauvres.

Passons à l'Angleterre. Les historiens font sortir la législation relative aux pauvres d'une ordonnance rendue en 1562. L'insuffisance des aumônes volontaires étant alors reconnue, on déclara que toute personne qui se refuserait à contribuer sur l'invitation de l'évêque ou du curé, serait appelée par eux devant un juge de paix, qui, après avoir épuisé les moyens de persuasion, déterminerait une cotisation hebdomadaire et suivrait pour l'obtenir les voies de rigueur. En 1592, la taxe devint générale et permanente. Enfin le célèbre statut de la reine Élisabeth, promulgué le 19 septembre 1601, vint coordonner tous les règlements antérieurs. La loi ne proclame pas formellement le droit du pauvre ; mais elle semble le reconnaître en recommandant à chaque paroisse de procurer du travail au pauvre valide, et d'adopter l'infirme nécessiteux ; elle détermine ensuite les obligations imposées au contribuable, et le recours qui lui est laissé en cas d'abus de la part des collecteurs. Le vice radical de ces lois était la confusion de l'autorité administrative et du pouvoir judiciaire dans la personne du juge de paix. On sentit en 1732 le besoin de porter remède à l'arbitraire, et on détermina les cas dans lesquels les secours seraient accordés, les conditions requises pour les obtenir, leur quotité et leur nature. Pour déraciner un abus, on creusait un précipice. On donnait ainsi un titre légal à la requête du pauvre. Les difficultés sans nombre d'une telle matière, maintinrent la législation anglaise dans un état continuel d'élaboration et de crise, jusqu'à la réforme de 1834, dont la durée même est fort problématique. La base sur laquelle reposait l'édifice d'Élisabeth, l'entretien des pauvres imposé à chaque paroisse, a été maintenue ; seulement les trois commissaires royaux placés par le nouvel acte à la tête de l'administration spéciale, peuvent autoriser plusieurs paroisses à associer leurs ressources, et à ne former qu'une seule circonscription de secours : innovation accueillie avec grande faveur, puisque, deux années après la promulgation de la loi, plus de huit mille paroisses déjà réunies formaient trois cent soixante-deux associations. Le régime des hôpitaux est demeuré en dehors du système de l'assistance paroissiale. Le pauvre a conservé un droit au secours qu'il peut faire valoir devant l'autorité judiciaire. Le fonds affecté dans chaque localité à ce service, provient d'une taxe spéciale dont le nom accuse le triste emploi : elle se prélève sur les propriétés foncières, les loyers et les établissements industriels. Tout homme, si peu qu'il possède, est classé parmi les contribuables. Plusieurs cantons ne s'arment pas rigoureusement de ce principe ; mais, dans les pays où personne n'est exempté, il arrive que de pauvres petits propriétaires paient la taxe d'une main et tendent l'autre pour recevoir l'assistance. Plusieurs amendements de détail, et surtout la simplification des formes judiciaires, ont beaucoup allégé le fardeau. Le montant de la taxe, qui en 1834 s'était élevé, pour une population de 13,897,000 habitants, à 6,317,254 liv. sterling (près de 158 millions de francs), n'était plus en 1836 que de 4,717,629 liv. st., ce qui constitue un bénéfice de 40 millions de francs ; mais beaucoup de germes vicieux que la réforme n'a pu extirper fermentent sans cesse, et sous des influences défavorables pourraient prendre un subit et dangereux accroissement.

Le régime adopté en Suède diffère peu en principe du système anglais, si ce n'est que le pauvre ne peut poursuivre ses droits prétendus avec autant de rigueur. Une ordonnance du 19 juin 1833 établit, sous la qualification de *non-protégés*, une véritable caste composée des individus sans propriétés et sans industrie, et qui tombent par ce seul fait à la discrétion de la police. — La loi qui régit les pauvres en Danemark date de 1803 : elle considère le secours comme une charge paroissiale ; mais elle n'accorde l'allocation demandée que comme une avance dont le remboursement est exigible. — Dans la Russie, les paysans à l'état de servage, ont un recours plus ou moins efficace dans la commisération du propriétaire. Les établissements spéciaux ne sont ouverts à l'infortune que dans les domaines de la couronne. Les indigents qui n'appartiennent pas à la classe des serfs sont envoyés en Sibérie, en qualité de colons libres. Depuis l'affranchissement de ses paysans, la Pologne a senti le besoin d'un système de secours, mais n'a pas eu les moyens de le réaliser. La législation de l'Allemagne, sauf de légères nuances qui distinguent surtout les pays protestants des états catholiques, a pour base le droit du pauvre à l'assistance, l'obligation qui lui est imposée de travailler selon ses forces, le principe qui laisse à chaque commune la charge de ses pauvres, et qui combine l'administration des secours avec les institutions particulières à la localité. La conséquence de ce régime est d'attacher l'indigent au domicile de secours qu'il ne peut quitter sans s'exposer à être rigoureusement poursuivi comme vagabond. En Bavière et dans quelques autres contrées allemandes, les personnes dépourvues de tout capital ne peuvent contracter mariage sans y être autorisées par l'administration. — Quand le royaume des Pays-Bas fut formé par la réunion de la Belgique et de la Hollande, une loi fondamentale rangea le soulagement des malheureux au premier rang des intérêts publics, et il dut être rendu chaque année à la législature un compte détaillé de toutes les branches de ce service. Un nouvel arrêté du 2 juillet 1828 spécifia le droit du pauvre, mais sans autoriser celui-ci à le faire valoir judiciairement : le domicile de secours s'acquiert par la naissance, ou par une résidence d'au moins quatre années. En Hollande, l'assistance des indigents est obligatoire pour la commune, et des taxes peuvent être établies au besoin pour en faire le fonds ; mais il est probable qu'on a rarement recours à cette extrémité, d'après le nombre des établissements par lesquels la bienfaisance s'exerce : on en compte cinq mille huit cent soixante-un. La Belgique, depuis son indépendance, a légèrement modifié le pacte commun. — Pour ce qui concerne la Suisse, nous renverrons aux recherches de M. de Gérando, après avoir dit seulement que les lois contre le paupérisme y sont en général rigoureuses, et que la faculté de prélever une taxe sur la propriété est accordée aux gouvernements cantonnaux, en cas d'insuffisance des ressources ordinaires. — Dans les pays strictement attachés au joug catholique, l'Italie, l'Espagne et le Portugal, la mendicité, quoique rudement pourchassée, étale avec impudence ses plaies factices et ses douleurs menteuses. Des établissements ouverts à tous les genres d'infortune, richement dotés par la piété des fidèles et entretenus par d'abondantes aumônes, laissent peu de place à l'action du gouvernement civil. L'idée de contraindre légalement les riches à la charité n'y serait accueillie qu'avec répugnance. — Tous les états de l'Union américaine, excepté la Géorgie et la Louisiane, sont soumis à la taxe en faveur des pauvres. — Quoique le généreux climat de l'Orient engendre difficilement la misère, les lois musulmanes sont très puissantes pour la combattre. Un dixième du revenu doit être mis en réserve pour les nécessiteux ; une aumône extraordinaire est prescrite annuellement ; des amendes expiatoires consistent à vêtir ou à nourrir un certain nombre de pauvres pendant un temps déterminé ; les objets de première nécessité sont exempts d'impôt, et on fait souvent des concessions gratuites de terrains ou de boutiques aux gens du peuple ; enfin, les mosquées, richement pourvues par les sultans, sont en mesure d'offrir au malheur des secours de plus d'un genre.

Quelle que soit la divergence des doctrines et des lois sur l'opportunité des secours distribués par l'état, toutes les opinions se rapprochent vers un point d'une telle évidence qu'il exclut la discussion. C'est que les gouvernements doivent tout faire pour éviter l'emploi de ces palliatifs dont la vertu est si fort contestée ; c'est qu'ils doivent s'appliquer à neutraliser le mal dans ses germes, et étayer de tout leur pouvoir ces classes si mal assises dans la société, que les moindres secousses les précipitent dans un abîme. Les économistes, souvent malheureux dans les dénominations qu'ils adoptent, ont nommé cette tutelle du pouvoir *charité préventive*, criant abus de mots, puisque la vigilance, loin d'être, de la part du fonctionnaire, une œuvre charitable, n'est que l'accomplissement de son premier devoir, la condition formelle de son autorité.

Le livre qui indiquerait les mesures à prendre pour prévenir la misère publique, serait un cours complet et bien précieux de science politique ; car tout s'enchaîne dans les sociétés, et le sort du pauvre prolétaire touche de plus près qu'on ne pense à celui du puissant capitaliste. Mais chacun des points de cette vaste thèse appelle une importante discussion, qui ne peut trouver sa place ici. Renvoyons donc nos lecteurs à quelques bons chapitres de M. de La Farelle sur la division toujours croissante de la propriété foncière, sur l'état déplorable de notre agriculture, sur les inconvénients du système hypothécaire qui permet si difficilement aux propriétaires d'immeubles de profiter des avantages du crédit. Après des considérations d'économie générale non moins dignes d'être méditées, M. de Gérando rentre dans son sujet et se livre à de consciencieuses études sur les maisons de travail envisagées comme éléments du système des secours publics ; il signale avec impartialité les objections de la théorie et les mécomptes de la pratique, et n'en conclut pas moins, à la nécessité, à la possibilité de ces établissements ; selon lui, les opposants n'ont prouvé qu'une seule chose, qu'il faut des efforts soutenus et une rare habileté pour employer les indigents d'une manière qui leur soit utile sans être onéreuse à l'état. M. de Gérando se montre beaucoup moins favorable à l'institution des colonies agricoles en France, et il espère fort peu des émigrations qui, d'ordinaire, sont plutôt déterminées par l'avidité que par la détresse. C'est enfin dans l'amélioration des mœurs populaires qu'il entrevoit, pour le peuple, les plus sûres garanties d'indépendance et de bien-être, et les institutions sur lesquelles il s'arrête avec plus de complaisance sont celles qui, comme les caisses d'épargne et les sociétés d'assistance mutuelle, sont de nature à faire fleurir la prévoyance et le respect de soi-même.

Persuadons-nous bien, au surplus, qu'il n'y a pas de règle générale en pareille matière ; que telle mesure, utile en certains pays, serait déplorable en beaucoup d'autres, que ce qui a échoué en un temps pourrait réussir plus tard. Ils poursuivent la pierre philosophale, ces économistes qui cherchent, comme couronnement de leur science, la loi de la distribution des richesses, c'est-à-dire le moyen de bannir l'indigence et d'assurer le repos public par un équitable partage des acquisitions sociales. La tendance des forces morales ne peut pas se déterminer par une formule absolue comme celle des forces inertes. Il y a, dans l'imprévu des passions, dans le jeu de la liberté humaine, des puissances inconnues, incalculables, qui renverseront toujours l'échafaudage dressé à l'avance par la théorie. Ce n'est donc pas en combinant un système tout d'une pièce qu'on peut espérer de prévenir la misère : c'est en étudiant au jour le jour les besoins qui se révèlent, en appropriant le remède à l'état moral de chaque localité, en se faisant la loi de ne pas réaliser un seul acte administratif de quelque genre qu'il soit, avant de s'être demandé quel en pourra être l'effet direct, ou même le contre-coup éloigné dans les régions les plus inférieures. Une société comme la nôtre, qui, après avoir égalisé tous les droits et follement dissipé les sentiments d'abnégation et de devoir dans l'intérêt commun, n'a conservé d'autre ressort que la pondération des intérêts matériels, exige des hommes d'état qu'elle emploie, une grande vigilance, un diagnostic des plus sûrs. Dans toutes les affaires qui surgissent, ils doivent se constituer d'office les défenseurs des classes qui naissent dans les conditions les moins favorables, et contrebalancer, autant que la légalité le permet, l'action entraînante de la richesse. Il est juste de dire que, sinon toujours par sympathie, au moins par prudence, les pouvoirs qui se sont succédé depuis le commencement de ce siècle, ont rarement méconnu cette règle ; et, dans les rangs populaires, on s'étonnerait des conquêtes déjà faites, si on énumérait tous les petits avantages obtenus partiellement. Mais le temps, malgré sa toute-puissance, n'amène les améliorations que bien lentement au gré de ceux qui souffrent ; il y a encore beaucoup à faire, et malheureusement les difficultés sont si grandes, que ceux qui ne les ont pas gravement mesurées ne peuvent même s'en faire une idée. Nous allons voir du moins que les secours ne manquent pas aux maux qu'on ne sait pas encore prévenir.

V. – ŒUVRE DE LA BIENFAISANCE.

L'œuvre qu'il nous reste à dévoiler a pour auteurs des gens sans nom pour la plupart, humblement cachés dans les rangs les plus divers, inconnus les uns des autres, et travaillant toutefois avec un merveilleux accord : cette œuvre est celle de la charité publique ; c'est le touchant tableau du bien qui se fait dans la société, et des efforts qu'on y tente sans relâche pour adoucir les inévitables misères.

La charité suit le pauvre durant toute son existence, elle se préoccupe de lui avant même que ses yeux aient vu le jour. Approchez, pauvres mères, et calmez-vous ! Que les angoisses de l'inquiétude, que les privations et les fatigues ne compriment pas dans votre sein le triste fruit que vous portez. Approchez, et si vous avez perdu le mari qui devait être votre soutien, si une famille, trop nombreuse déjà, est une charge au-dessus de vos forces, une main secourable vous sera tendue. Vers la fin du dernier siècle, s'est formée à Paris, sous le patronage de la reine Marie-Antoinette, une *Société de charité maternelle*, heureuse idée qui a dû naître dans le cœur d'une femme, et que des femmes ont depuis réalisée dans trente-six de nos villes les plus importantes. La pauvre mère qui se présente dans le dernier mois de sa grossesse, après avoir justifié de son mariage, de sa bonne conduite et pris l'engagement d'allaiter son enfant, reçoit une subvention pour les frais de couches, une layette pour l'enfant, une petite indemnité qui lui est conservée pendant quatorze mois, et des secours spéciaux dans les cas imprévus. La mère vient-elle à mourir pendant l'allaitement, la société conserve ses soins à l'enfant jusqu'à ce qu'il puisse être transmis en d'autres mains bienfaisantes. En 1837, la société de Paris a étendu sa protection sur 787 mères et sur 718 enfants qu'elles ont mis au jour. Celle de Lyon, pendant la même année, a secouru 285 mères et même nombre environ d'enfants. En calculant d'après ces données la part des trente-quatre autres villes, on peut admettre que pour toute la France l'association favorise annuellement plus de deux mille naissances. Ses ressources sont cependant très bornées : l'état ne contribue que pour 100,000 fr. ; c'est à peine le tiers de la dépense totale ; mais c'est peu pour la charité de combler le déficit. Une association pieusement rivale s'est formée à Paris en 1836, sous le nom d'*Association des mères de famille*. Les dames qui la composent distribuent des layettes ou des objets de vêture qui sont presque toujours l'ouvrage de leurs mains. Dans les deux premières années de son existence, cette société est venue en aide à 486 ménages. Le choix et la surveillance des nourrices seraient encore une cause d'embarras pour les nécessiteux dont le travail journalier est l'unique ressource ; l'administration parisienne veille sur les entreprises qui se chargent du placement des nouveau-nés, et elle offre aux nourrices que l'indigence des parents pourrait effrayer, une garantie qui lui coûte annuellement une vingtaine de mille francs. Depuis quelque temps, les malheureuses qui vont expier dans un hospice la faute qui les a rendues mères, reçoivent un secours qui leur permet d'allaiter leur enfant, ou de le mettre en nourrice. Le double effet de cette libéralité est de préserver de l'abandon de pauvres petites créatures, et de relever des âmes abattues en les exerçant au devoir maternel.

La première enfance exige de grands soins : elle décide très souvent du reste de la vie. Mais le travail de la mère tient sa place dans le budget d'un pauvre ménage : si elle le néglige pour veiller sur son enfant, pour lui apprendre ce qui est mal et ce qui est bien par un front sévère ou par un sourire, elle se prive du revenu de ses doigts, et condamne à la gêne le reste de la famille. Si elle ne peut sacrifier son salaire, fera-t-elle de sa chambre une prison pour le pauvre enfant [8] ? ou bien l'abandonnera-t-elle aux hasards de la rue et aux dangers des mauvaises rencontres ? La difficulté paraîtrait insoluble, si le génie de la bienfaisance ne l'avait récemment tranchée. Au siècle dernier, le pasteur Oberlin, touché de l'abandon des petits enfants pendant les heures de travail, eut l'idée de les rassembler autour du presbytère et de les confier à la surveillance de sa femme et de sa servante, Louise Scheppler, qui ne soupçonnait guère que la célébrité dût un jour s'attacher à son nom. Cette bonne œuvre, accomplie naïvement sur l'un des sommets des Vosges, resta longtemps ignorée. Un essai fut seulement tenté au commencement de notre siècle, par Mme la marquise de Pastoret, qui réunit à Paris, au faubourg Saint-Honoré, un certain nombre de petits enfants sous la surveillance de quelques religieuses. Plusieurs villes de l'Europe s'approprièrent la même idée sans en comprendre d'abord toute la portée. Ce fut le pays qui doit désirer le plus la régénération des classes ouvrières, ce fut l'Angleterre qui la première supputa ce que la société pouvait gagner à ouvrir des asiles pour les enfants. Leur moindre utilité est de rendre l'aisance aux ménages, en les affranchissant d'une surveillance onéreuse. Que ne doit-on pas espérer d'une institution qui, remplaçant, depuis le terme du sevrage jusqu'à l'âge de l'école, la vigilance éclairée de la plus tendre mère, dirige les premiers développements physiques, substitue au dévergondage des enfants délaissés des habitudes d'ordre et de décence, les prépare par des exercices qui ne sont qu'un jeu, aux fatigues de l'étude, et par de

V. – ŒUVRE DE LA BIENFAISANCE.

bonnes impressions morales aux épreuves du devoir !

Les premières réalisations de ce vaste plan furent essayées à Londres vers 1820. Une dame [9] fit connaître chez nous le plan, le mécanisme et les magnifiques promesses des *écoles enfantines*, et dès 1826, des souscriptions particulières permirent un essai dont une émulation générale a constaté l'heureuse réussite. Pendant dix ans, l'institution s'est propagée et soutenue dans toute la France par des sacrifices volontaires. En 1837, le gouvernement en a réclamé la direction suprême et l'a rattachée, par une loi, à notre système d'éducation élémentaire. Aux termes de cette loi, « les salles d'asile ou écoles du premier âge sont des établissements charitables où les enfants des deux sexes peuvent être admis jusqu'à l'âge de six ans accomplis, pour recevoir les soins de surveillance maternelle et de première éducation que leur âge réclame. Il y aura, dans les salles d'asile, des exercices qui comprendront nécessairement les premiers principes de l'instruction religieuse et les notions élémentaires de la lecture, de l'écriture et du calcul verbal. On pourra y joindre des chants instructifs et moraux, des travaux d'aiguille et tous les ouvrages de main. Aujourd'hui, 350 asiles reçoivent en France plus de 30,000 enfants. Le département de la Seine en recueille plus de 4,000 dans 27 maisons, et s'impose pour chacun d'eux une dépense annuelle de 20 francs. Une vingtaine de départements retardataires suivront bientôt l'exemple des autres, et on peut espérer que la France ne sera pas moins généreuse que la Grande-Bretagne, qui compte déjà plus de 1,000 *écoles enfantines*, et qui, à Londres seulement, reçoit 20,000 enfants dans plus de 100 maisons.

En France, l'admission aux asiles n'est pas nécessairement gratuite. Une faible rétribution d'un franc par mois est exigée des familles dont les ressources sont notoires. Cette mesure a les plus heureuses conséquences. Les enfants, comprimés par la misère, ont tout à gagner à la société de ceux qui ont puisé au sein de l'aisance des habitudes plus douces et plus cultivées. On s'applique à ce qu'une fois réunis, toute distinction apparente cesse entre eux. On ne veut pas qu'un vague pressentiment du malheur contrarie le premier épanouissement des âmes. Pas de rougeur sur ces jeunes fronts, si ce n'est celle de la joie naïve. Mais que la bienfaisance est ingénieuse et prévoyante ! Dans certaines maisons, on a soin de séparer, à l'heure des repas, ceux dont le petit panier est ordinairement bien pourvu, afin de ne pas développer chez les autres le sentiment de l'envie. Ailleurs on fait mieux encore. Des aliments, préparés dans l'établissement même, sont délivrés à chacun sur la présentation d'une *carte*. Aux familles aisées, on vend cette carte à prix modéré ; à celles qu'on sait dans le besoin, la carte est donnée secrètement : l'égalité est ainsi rétablie ; l'école n'est plus qu'une famille où tout devient commun. Dans plusieurs villes, des dons volontaires en argent et en nature forment un fonds de secours qu'on emploie en linge, vêtements, chaussures, afin de remplacer les haillons qui corrompent l'air et attristent les yeux. Enfin, le croira-t-on ? On les exerce à la science de l'aumône, de la seule aumône qu'ils puissent faire, ces pauvres enfants dont le cœur est l'unique trésor. Dans quelques établissements, chaque élève est placé sous la tutelle d'un autre plus âgé qui devient son frère ou sa sœur d'adoption, qui lui sert de guide et de modèle. L'échappé du maillot qui bégaie encore, trouve ainsi pour soutien un des *vieillards* de ce petit monde, un mentor de cinq à six ans, qui le couvre gravement de son expérience, qui lui tend la main quand il trébuche, qui, au besoin, le gronde en jouant.

Les orphelins ont toujours été l'objet d'une sollicitude instinctive. Les fondations en leur faveur furent très nombreuses au moyen-âge. Présentement, ils sont recueillis par les hospices de nos grandes villes, placés à la campagne ou élevés intérieurement, lorsque leur santé exige des soins particuliers : on les prépare à un état, pour les lancer enfin dans le monde à l'âge de douze ans accomplis, avec la sauve-garde d'un bienveillant patronage, munis d'un trousseau, et quelquefois même d'un petit pécule, quand on a pu les exercer à un travail productif. Le grand établissement de Paris compte aujourd'hui de 1,300 à 1,400 enfants d'adoption. Les hospices les plus chargés sont celui de Marseille, qui reçoit annuellement 100 orphelins et en entretient 200, et la belle fondation du roi Stanislas à Nancy, qui conserve les garçons jusqu'à quatorze ans et les filles jusqu'à dix-huit. Les administrations publiques, enchaînées par la lettre des règlements, laissent beaucoup de bien à faire ; mais leur œuvre est complétée par des associations libres. On compte à Paris quatre sociétés charitables en faveur des garçons sans familles, et une dizaine de refuges pour les pauvres filles. Une de ces sociétés,

V. – ŒUVRE DE LA BIENFAISANCE.

composée d'ouvriers, a pour but de procurer le placement et de diriger l'apprentissage des orphelins. En 1837, elle a recueilli, de 586 souscripteurs, une somme de 2,620 francs : qui sait ce que cette modique offrande a coûté de privations ! Les sociétés de ce genre sont sans nombre. Quoi de plus touchant que l'exemple donné par les jeunes demoiselles de plusieurs villes, particulièrement d'Avignon et de Rennes, qui se chargent de l'éducation des pauvres orphelines, et facilitent leur mariage, en leur assurant une petite dot ? Faut-il rappeler qu'après les ravages du choléra, Paris compta 423 orphelins de plus, et qu'aussitôt des donations et des souscriptions volontaires ont assuré un secours annuel d'environ 100,000 fr. qu'il faudra continuer jusqu'à ce que tous les infortunés aient trouvé leur place dans le monde, dix ans au moins ?

L'instinct de la bienfaisance est si prononcé, qu'une charge véritablement accablante ne le peut ébranler, et que, malgré le cri d'alarme poussé de concert par les hommes d'état et par les moralistes, on aura peine à modérer une générosité qui va jusqu'à l'imprudence. Une classe trop nombreuse déjà, et qui malheureusement menace de s'accroître encore, est l'objet d'une protection si active, que sa disgrâce lui confère une sorte de privilège. On le peut dire sans exagération, puisque dans l'état présent de la société, l'alimentation assurée pendant le premier âge de la vie, la possession d'un métier, un bienveillant patronage, sont des garanties d'avenir qui manquent à la majorité des prolétaires. Tel est le sort qui est fait aujourd'hui aux enfants trouvés. Or, ils forment chez nous une population de 130,000 individus âgés de moins de douze ans, dont l'entretien pèse sur 271 hospices, et on évalue à près d'un million le nombre de ceux qui, appartenant à cette classe par leur origine, ont été élevés successivement aux frais de la société. La dépense annuelle, allégée récemment par des mesures économiques, atteint à peu près la somme de dix millions de francs, fournis en grande partie par le budget et complétés par les cotisations communales, les revenus affectés aux hospices et autres ressources éventuelles.. Mais la plus précieuse libéralité qu'on puisse faire au pauvre délaissé est celle des tendres soins, des sentiments affectueux ; et ce genre de bienfait, il le reçoit souvent de la famille pauvre dans laquelle il est placé. Quand il atteint l'âge où la modique subvention est supprimée, la bonne femme qui lui a prêté son sein, le nourricier qui l'a fait sautiller dans ses bras, ne savent plus le distinguer de leurs autres enfants. L'adoption de l'orphelin en ce cas est très ordinaire ; qu'on ne pense pas qu'elle se fait en vue seulement des services qu'il peut rendre. En 1834, plusieurs départements se concertèrent pour un échange de leurs enfants trouvés, prévoyant bien que beaucoup de mères se décideraient à les retirer de peur d'en perdre la trace. Dans 31 départements qui appliquèrent cette mesure, plus d'un tiers des nourriciers renoncèrent à la pension plutôt que de se séparer du petit malheureux. Ainsi, par un commun mouvement, onze à douze mille familles des plus pauvres et, comme de coutume, des plus chargées d'enfants, se donnèrent chacune un enfant de plus [10].

Il y a des abandonnés plus à plaindre encore que ceux qui n'ont aucun lien de parenté : ce sont ceux qui ne pourraient respirer dans leur famille qu'un air vicié, ou ceux qu'une insouciance coupable livre aux hasards du vagabondage. L'Allemagne leur a donné le nom expressif d'*orphelins moraux*. A défaut de la prévoyance publique, la charité volontaire veille sur ces malheureux. Des sociétés, sous le nom de *Providence*, se sont formées dans presque toutes nos provinces ; celles de Lyon et de Grenoble acceptent chacune la charge de plus de 600 enfants. Une classe que son isolement au milieu des grandes villes, et la pénible industrie qu'elle exerce, exposent à des dangers de plus d'un genre, a trouvé enfin de généreux protecteurs. Il s'agit des *petits Savoyards*, nom traditionnel qui ne s'applique plus guère aujourd'hui qu'à des enfants de l'Auvergne. Ceux de Paris, au nombre de plus de 700, reçoivent d'une institution spéciale, non seulement du pain et des vêtements, mais les premiers éléments de l'éducation, et les moyens d'oublier au plus tôt, dans un métier moins rude, les fatigues de leur premier âge. Un intérêt tout particulier a dû s'attacher aux jeunes filles *moralement orphelines*. Des associations qu'il serait trop long de désigner ici, les arrachent pieusement au vice qui ne manquerait pas d'en faire sa proie. Étrange siècle que le nôtre ! époque de paradoxe et de contradiction ! Les sociétés dites *secrètes* courent les rues à main armée ; leur organisation et leur but sont connus de chacun ; mais les autres sociétés qui ne conspirent que le soulagement de l'humanité, qui s'en occupe ? Qui connaît celle des *Jeunes Économes* ? Son but est d'offrir un appui

V. – ŒUVRE DE LA BIENFAISANCE.

aux jeunes filles pauvres, de leur procurer un état, et, s'il se peut, un mariage convenable. Formée à Lyon parmi les jeunes demoiselles de la classe riche, cette association n'a pas tardé à se propager dans les autres villes. Aujourd'hui elle compte à Paris environ 4,000 demoiselles qui ont adopté 233 jeunes filles de huit à dix-huit ans, et qui fournissent à une dépense annuelle de 200 francs par tête, sans compter les lits et les trousseaux.

La société, en ouvrant des écoles, n'accomplit pas une charité, mais un devoir. Cependant les sacrifices qu'elle s'impose pour répandre gratuitement l'instruction, doivent être comptés au nombre de ceux qui ont pour but le soulagement des classes souffrantes. Rappelons donc ici que 54,000 écoles primaires reçoivent 1,553,000 garçons et près de 1,100.000 filles ; que les frères de la doctrine chrétienne, au nombre d'environ 1,600, donnent l'instruction élémentaire à plus de 101,000 écoliers ; que sur 18,000 dames ou sœurs engagées dans les congrégations religieuses, près de la moitié se consacrent aux fonctions de l'enseignement, et joignent souvent à l'apprentissage intellectuel celui d'un état utile ; que l'instruction est gratuitement offerte à tous les âges, à toutes les classes, même en dépit des obstacles naturels, puisque, par exemple, la France seule possède 32 écoles de sourds-muets, sur les 147 qu'on connaît dans le monde.

La société a reçu l'enfant du pauvre, préparé son développement physique, éveillé en lui les puissances de l'esprit : elle a racheté autant que possible les capricieux arrêts de la destinée. Que peut-elle faire encore pour le pauvre devenu homme ? Lui assurer l'emploi de son intelligence et de ses forces, augmenter pour lui les chances d'émancipation. Tels sont les termes d'un programme qui est à l'ordre du jour ; mais jusqu'ici la discussion, quoique fort animée, a été stérile. L'étincelle lumineuse jaillira-t-elle enfin du choc des idées ? Conciliera-t-on une organisation obligatoire du travail avec la liberté du travailleur, cette conquête toute récente que nos pères n'ont pas cru pouvoir payer trop cher ? A moins de saper la société par la base pour la réédifier sur un plan tout nouveau, comment communiquera-t-on à celui qui n'apporte en naissant d'autre valeur que celle de ses bras, les privilèges attachés à la fortune ? Par exemple, le crédit, qui de sa nature court au-devant du riche, fuit au contraire le nécessiteux. C'est là un fait fatal, déplorable, et contre lequel la meilleure volonté est impuissante.

Aujourd'hui le pauvre n'a d'autre garantie à offrir que celle des effets mobiliers qu'il possède. Il ne peut donc emprunter que sur nantissement. Cette triste nécessité est la justification des Monts-de-Piété, institution qu'on a décriée avec une légèreté qui va jusqu'à l'injustice. On en compte en France 32. L'intérêt exigé varie de 4 à 18 pour 100, différence énorme, qui provient de ce qu'en certaines localités l'établissement prête sur ses propres fonds, tandis qu'ailleurs il est obligé d'emprunter à des conditions plus ou moins onéreuses. Il faut remarquer toutefois que la somme demandée à l'emprunteur est moins le loyer du capital que le remboursement des frais inévitables de régie. Or, ces frais, qui consistent en prisées, emmagasinage, comptabilité, reventes, etc., sont les mêmes pour un objet de la plus mince valeur que pour un diamant précieux ; et comme la retenue n'est calculée que sur le total de la somme prêtée, lorsque le prêt est minime, et c'est l'ordinaire, cette administration, qu'on accuse de spéculer sur les besoins du pauvre, subit réellement une perte. Un aperçu des opérations du Mont-de-Piété de Paris fera mieux comprendre cette assertion. Chaque fois que l'administration accepte un nantissement, elle débourse pour frais de régie une somme de 73 centimes, et souvent la rétribution exigée de l'emprunteur, quoique de trois quarts pour 100 par mois, ou de 9 pour 100 par an, reste inférieure à cette somme. Par exemple, en 1836, sur un total de 1,210,669 engagements, près des trois quarts, ou 879,795 objets, estimés de 3 à 12 francs, et sur lesquels l'administration a prêté 4,882,876 francs, ont produit en intérêts, pour sept mois et vingt jours, terme moyen des dépôts, la somme de 283,870 francs. Or, les frais de régie, à raison de 73 centimes par article, ont exigé une dépense de 642,243 fr : l'administration a donc fait une perte réelle, un véritable don aux emprunteurs les plus pauvres, de 358,372 fr. C'est seulement sur les prêts qui de 12 fr. s'élèvent quelquefois jusqu'à 12,000, que l'établissement se dédommage, parce qu'alors il place à 9 pour 100 l'argent qu'il obtient à 3, et sans autres déboursés pour frais de régie que 73 c., comme pour le plus modeste dépôt. Une contribution est donc ainsi frappée sur les objets de luxe pour affranchir autant que possible ceux du pauvre. A Reims, des dons volontaires, ajoutés aux fonds du Mont-de-Piété, permettent à l'établissement de prêter au plus modique intérêt. A Toulouse, une société de prêt charitable et gratuit, fondée en 1828, prête une faible somme, relativement à la valeur du nantissement, mais sans aucune retenue, même pour ses déboursés. La quotité de ses prêts varie de 3 fr. à 150, et la moyenne est de 50 à 60 francs. Mille individus reçoivent annuellement ses services. Le capital est fourni par des donateurs généreux et par des actionnaires qui s'engagent à verser pendant dix ans 500 francs par année, et sans en tirer intérêt. Une maison de prêt désintéressé existe aussi à Montpellier.

Nous l'avons dit, la charité préventive, fût-elle aussi clairvoyante qu'énergique, disposât-elle des plus abondantes ressources, ne parviendrait pas à étouffer complètement la misère. Il y aura toujours et partout une classe indigente et réduite à l'impuissance de se suffire, soit par suite d'un désastre public, soit par des infirmités morales ou physiques. Jusqu'à ce qu'on ait adopté la recette souveraine de Malthus, qu'on laisse les malades se tordre sur leur grabat, et les affamés tomber d'inanition dans la rue, il faudra bien que les gouvernements maintiennent, pour l'indigence proprement dite, une administration spéciale de secours. Cette administration se divise, chez nous, en deux branches : secours à domicile pour les valides, et hospitalité passagère ou permanente pour les invalides. Le premier service est exercé par les bureaux de bienfaisance, au nombre de 6,275 pour toute la France. Leur dotation, formée par les produits de leurs biens patrimoniaux, par des dons volontaires, par la taxe prélevée sur les spectacles et autres divertissements, par une portion dans les amendes de police, et au besoin par une subvention prise sur les revenus communaux, a fourni, en 1833, un total de 10,315,745 francs. Les secours qui consistent en fournitures alimentaires, vêtements, combustible et argent, ont atteint la somme de 7,399,156 francs, auxquels il faut ajouter l'énorme somme d'environ 1,800,000 francs pour frais de gestion. 695,632 pauvres ont participé aux distributions. La moyenne de la subvention obtenue par chacun d'eux a donc été de 10 fr. 64 cent., et pour l'ensemble des dépenses de plus de 13 fr. A Paris, le secours est en général plus fort. Le recensement des indigents s'y fait tous les trois ans [11]. En 1838, il s'en est trouvé 58,500, ou 1 sur 15 habitants.

S'il est vrai, comme l'a dit sir Arthur Young, que les hôpitaux, affranchissant le peuple de la prévoyance, sont d'autant plus nuisibles qu'ils sont plus riches et mieux administrés, notre pays est fort à plaindre ; car chaque année voit s'ouvrir de nouveaux refuges à ceux qui souffrent. Depuis un demi-siècle, le nombre des établissements hospitaliers a presque doublé en France, et leurs revenus se sont accrus dans une proportion beaucoup plus forte que celle des malades. Les derniers documents officiels datent de 1833 ; on comptait à cette époque 1329 hôpitaux et hospices. Au 1er janvier de cette même année, ils servaient d'asile à 154,253 individus, et, jusqu'à l'année suivante, 425,049 personnes y furent admises. Le budget de leurs recettes montait alors à 51,222,063 francs, c'est-à-dire au vingtième environ du budget que réclame l'état pour acquitter la dette publique, assurer la défense du territoire, rémunérer tous les services, entretenir, en un mot, la vie sociale. En 1837, Paris seulement pouvait offrir 4,464 lits pour les malades, et 10,129 places pour les vieillards, les incurables et les enfants. De nouvelles fondations, qui ne sont pas encore réalisées, ne tarderont pas à porter le nombre des lits disponibles à plus de 17,000. Non-seulement le nombre des personnes admises au traitement gratuit augmente, mais les soins sont en général plus empressés et plus intelligents, et aucun sacrifice ne coûte assez pour empêcher une amélioration désirable. Il est vrai que l'inépuisable charité vient en aide au zèle qui dirige. Chaque année, les donations volontaires ajoutent en propriétés foncières, meubles, rentes ou argent, une valeur de quelques millions au patrimoine des institutions secourables. De 1814 à 1835, en vingt-deux ans, le capital donné, tant aux hospices qu'aux bureaux de bienfaisance, s'est élevé à 75,070,464 f. ; encore ce chiffre est-il seulement le total des sommes données par acte public, et dont l'acceptation doit être délibérée en conseil d'état, et il serait beaucoup grossi par l'adjonction des petites sommes qui peuvent être reçues sans autorisation.

Pour compléter cet aperçu, il faudrait apprécier le concours prêté aux établissements publics par les fondations particulières, par celles qui sont annexées à beaucoup de paroisses et desservies par des sœurs, par les dispensaires soutiennent que des cotisations privées, comme ceux de la société philanthropique de Paris qui, depuis 1805 jusqu'à ce jour, a traité plus de 82,000 malades et vendu 22 millions de rations avec une perte volontaire évaluée à 1,100,000 fr. Il faudrait énumérer toutes les sociétés qui se forment depuis quelques années et poursuivent obscurément leur but charitable : celle de la Miséricorde, qui se voue à la recherche des pauvres honteux ; la réunion de ces jeunes gens de Paris, qui, sous le titre d'*amis des pauvres*, s'efforcent de procurer aux nécessiteux des occasions et des instruments de travail ; les *vieilleurs charitables* de Lyon, pauvres ouvriers pour la plupart qui, après les fatigues de la journée, vont passer la nuit au chevet d'un malade, pauvre ainsi qu'eux ; et aussi, les associations qui se vouent à l'aumône morale, qui s'insinuent dans la confiance du malheureux par de petites libéralités, afin de mieux redresser sa conduite et ses penchants. Ce serait ici le lieu de rappeler que les publications, dictées dans l'intérêt des classes souffrantes, se multiplient d'une façon très significative, et qu'ordinairement ceux qui ont à produire quelque plan utile, donnent l'exemple des sacrifices.

Mais pourrait-on jamais compléter le tableau de la bienfaisance ? Les traits les plus touchants ne demeurent-ils pas humblement voilés ? Il est passé en habitude de déplorer les ravages de l'égoïsme : qu'on se rassure. La contagion sévit en quelques lieux apparents, mais il s'en faut bien qu'elle soit générale. Ne vous hâtez pas de condamner l'arbre pour quelques branches desséchées et flétries qui attristent les regards. Sous l'écorce dégradée, une élaboration se fait. Il y a nombre de veines où court ; encore une sève féconde, et il ne faudrait qu'un souffle généreux et puissant, qu'un rayon venu d'en haut pour déterminer une soudaine et magnifique efflorescence.

Nous le répétons, si les classes populaires ont encore beaucoup à désirer, c'est que le secret des grandes améliorations, des réformes fondamentales, appartient encore à l'avenir. S'il n'y a pas des secours pour toutes les détresses, un baume pour chaque douleur, c'est que le dévouement, si ingénieux qu'il soit à se multipliera ne peut suffire à combler l'abîme ; c'est que manquent les moyens matériels, et non le zèle inspiré, non la pieuse énergie.

NOTES

1.   4 vol. in-8°, chez Renouard, rue de Tournon, 6.

2.   2 vol. in-8°, chez Maison, quai des Augustins, 29.

3.   Cet écrit a pour titre : Examen des réclamations faites par quelques-uns des compatriotes de nos jours, et il a été cité par Thomas Ruggles, dans son Histoire des Pauvres, lettre 18. — Notre Racine a fini comme avait commencé Shakespeare, par un mémoire fort remarquable, dit la tradition, mais malheureusement perdu, sur les causes et le remède de la misère du peuple.

4.   La question de l'extension du paupérisme a été agitée récemment dans un concours ouvert par l'académie des sciences d'Erfürt. La plupart des concurrents, et notamment M. Franz Baur, de Mayence, qui a remporté le prix, ont conclu dans le même sens que M. de Gérando.

5.   Sur 1,600 ouvriers des manufactures de Reufrew et de Lanark, 10 seulement étaient arrivés à quarante-cinq ans, et encore n'étaient-ils conservés que par une indulgence spéciale. — Dans une autre fabrique, à Deanston, sur 800 ouvriers, un inspecteur a compté 442 enfants. — M. de Gérando cite plusieurs faits analogues d'après les documents officiels émis par le parlement anglais.

6.   C'est là ce que les économistes appellent le système de la charité légale. M. de Gérando blâme cette dénomination, et la monstrueuse alliance de deux mots qui se repoussent. N'est-ce pas destituer la charité de son plus beau caractère, de sa spontanéité touchante, que d'accorder son nom à cet impôt que la loi demande au riche, et que la violence doit quelquefois arracher ?

7.   On a cité pour exemple la population toujours croissante des hospices d'enfants trouvés. M. de Gérando, répondant à cet ordre d'objections, dit que les hospices spéciaux mettent en évidence toutes les misères inaperçues, et que l'augmentation est plus apparente que réelle. Il fait remarquer qu'avant les fondations faites en faveur des sourds-muets, on ne se doutait pas qu'il y eût vingt mille de ces malheureux en France.

8.   On a constaté à Londres que plus de cent enfants, enfermés par leurs parents dans des chambres à feu, ont péri brûlés pendant

48

l'hiver de 1835.

9.   Mme Millet, aujourd'hui inspectrices des salles d'asile, qui fut secondée par les publications de Mme Nau de Champlouis et Julie Mallet. Il y a aujourd'hui une littérature complète à l'usage des salles d'asile, journaux et livres de toutes sortes. Un des plus utiles et des plus estimables est le Médecin des salles d'asile, par le docteur Cerise.

10.   Le sort des enfants trouvés, l'opportunité ou le danger des asiles que la charité leur assigne, les règles que l'administration doit suivre pour leur adoption, sont des problèmes dont la difficulté égale l'importance. M. de Gérando leur a consacré la plus grande partie de son second volume, c'est-à-dire une place qui excède l'étendue des autres ouvrages spéciaux. L'examen des nombreuses publications auxquelles les enfants trouvés ont donné lieu depuis deux ans, nous ramènera bientôt sur ce second volume de M. de Gérando. Nous nous contenterons de dire aujourd'hui que sa modération consciencieuse ne l'abandonne pas sur ce terrain, et qu'il s'y place, avec MM. Terme et Monfalcon, entre deux extrémités. Il se prononce pour la suppression des tours, l'admission des enfants à bureau ouvert, avec secret relativement au public, mais droit d'enquête pour les administrateurs. Il réprouve aussi l'impitoyable manœuvre du déplacement.

11.   Il est à remarquer qu'en trois ans, de 1835 à 1838, la population de Paris s'est accrue de 129,027 individus, et qu'au contraire le chiffre des indigents s'est affaibli de 4,039. Ce résultat est dû sans doute à la vigilance qu'on déploie pour repousser la fausse indigence. On ne peut toutefois y méconnaître un symptôme favorable pour la classe ouvrière.

ISBN : 978-1983862335

www.ingramcontent.com/pod-product-compliance
Lightning Source LLC
Chambersburg PA
CBHW050749250726

48662CB00005B/2117